DE LA NATURALISATION

EN

ALLEMAGNE

D'UNE FEMME SÉPARÉE DE CORPS EN FRANCE

ET DES EFFETS

DE CETTE NATURALISATION

PAR

LE Dr BLUNTSCHLI

CONSEILLER PRIVÉ, PROFESSEUR DE DROIT A L'UNIVERSITÉ DE HEIDELBERG
PRÉSIDENT DE L INSTITUT INTERNATIONAL POUR LE DROIT DES PEUPLES.

Extrait de la *Revue pratique de droit français*

PARIS

A. MARESCQ AÎNÉ, LIBRAIRE-ÉDITEUR

17, rue Soufflot, près le Panthéon

1876

DE LA NATURALISATION

EN ALLEMAGNE

D'UNE FEMME SÉPARÉE DE CORPS EN FRANCE

ET DES EFFETS

DE CETTE NATURALISATION

CORBEIL. — Typ. et stér. de CRÉTÉ FILS.

DE LA NATURALISATION

EN

ALLEMAGNE

D'UNE FEMME SÉPARÉE DE CORPS EN FRANCE

ET DES EFFETS

DE CETTE NATURALISATION

PAR

LE D⟨r⟩ BLUNTSCHLI

CONSEILLER PRIVÉ, PROFESSEUR DE DROIT A L'UNIVERSITÉ DE HEIDELBERG
PRÉSIDENT DE L'INSTITUT INTERNATIONAL POUR LE DROIT DES PEUPLES.

PARIS

A. MARESCQ AINÉ, LIBRAIRE-ÉDITEUR

17, rue Soufflot, près le Panthéon

—

1876

DE LA NATURALISATION

EN ALLEMAGNE

D'UNE FEMME SEPAREE DE CORPS EN FRANCE [1]

I

INTRODUCTION.

La controverse soulevée actuellement à propos du mariage de madame Henriette-Valentine de Riquet, comtesse de Caraman-Chimay (en premières noces princesse de Bauffremont), avec M. le prince Georges Bibesco, excite au plus haut degré l'attention publique, même abstraction faite de son importance *morale* et *personnelle*.

La question est aussi importante sous le rapport du droit privé, du droit public et du droit international, que la solution en est difficile. Elle a été soigneusement étudiée par deux jurisconsultes français qui l'ont appréciée d'une manière toute différente. La consultation du professeur *Labbé* est contraire à la princesse ; la consultation du professeur *de Folleville* lui est favorable.

(1) Différents articles ou brochures ont déjà paru sur cette question. Voyez M. F. de Holtzendorff, professeur de droit à Munich et correspondant de l'Institut de France (*Journal de Droit international privé*, 3ᵉ année; 1876 — nᵒˢ 1 et 2); — M. de Folleville, avocat et professeur de Code civil à la Faculté de droit de Douai : *De la naturalisation en pays étranger des femmes séparées de corps en France* (Marescq aîné, libraire-éditeur, 17, rue Soufflot) ; — La *Revue du notariat et de l'enregistrement*, livraison d'avril 1876 (16ᵉ année), pages 241 et suivantes. — Comparez, en sens contraire, M. Labbé, *Journal de droit international privé*, 2ᵉ année (1875) nᵒˢ de novembre et décembre.

Dans les deux travaux précités, la question a été surtout examinée au point de vue du *droit privé*.

Notre étude a pour but principal d'examiner la question au point de vue du *droit public* et du *droit international*.

Les points principaux de la discussion sont les suivants :

A. La comtesse de Caraman-Chimay est la fille de parents belges. Elle était Belge par sa naissance. Il est à remarquer que la loi belge, calquée, du reste, sur le Code civil français, admet le divorce (comme ce dernier Code l'admettait lui-même avant la loi du 8 mai 1816), et permet aux époux divorcés de se remarier.

B. Par son mariage avec le prince de Bauffremont, officier français, elle avait acquis la nationalité française et perdu son ancienne nationalité belge. La loi française n'admet plus le divorce depuis 1816, mais elle accorde la séparation continuelle judiciaire des époux (séparation de corps) et défend à chacun des époux séparés de se remarier du vivant l'un de l'autre.

C. Le premier mariage de la princesse fut des plus malheureux. Après un long procès, la Cour de Paris prononça la séparation de corps et de biens par son arrêt du 1er août 1874, arrêt motivé par les excès du prince de Bauffremont, par sa conduite et ses mœurs, qui avaient porté les plus graves atteintes aux devoirs de la vie commune.

Les enfants furent confiés à la mère, dont la conduite était irréprochable et qui jouissait de l'estime universelle.

D. La princesse changea de domicile. Elle quitta la France pour l'Allemagne. Elle demanda et obtint dans le duché allemand de Saxe-Altenbourg la naturalisation allemande (3 mai 1875).

E. La loi allemande admet le divorce, et les législations de divers États allemands considèrent comme *divorcés* les poux catholiques séparés de corps judiciairement.

Sous la protection de ces lois, la comtesse naturalisée allemande fut mariée à Berlin par l'officier de l'état civil, le 24 octobre 1875, avec M. le prince Georges Bibesco.

De là ressortent les questions suivantes :

1° La naturalisation de la comtesse de Caraman-Chimay est-elle valable ?

2° Son second mariage est-il légal ?

II

Du caractère légal de la naturalisation.

La naturalisation a, sans aucun doute, une influence sur l'état personnel. Cependant elle n'est pas en elle-même un acte de droit privé, mais bien un acte de droit public.

C'est l'ÉTAT qui accorde la naturalisation.

Cet acte est la réception d'une personne étrangère dans la *communauté* et la dépendance politique de l'État qui accorde la naturalisation.

Chaque État a le droit d'établir les conditions sous lesquelles il veut concéder sa nationalité aux étrangers, ainsi que la faculté de l'accorder dans certains cas ou de la refuser.

Par conséquent, ce sont les autorités de l'État accordant la naturalisation en vertu de son droit souverain, qui ont seules à connaître des effets de la naturalisation.

L'État auquel appartenait auparavant la personne naturalisée n'a pas le droit d'empêcher cet acte souverain de l'État naturalisant, ni de s'en plaindre.

Chaque État qui confère la naturalisation agit dans ses propres intérêts (*rem suam agit*) en accueillant les étrangers qui émigrent.

De la même manière, on doit reconnaître le principe opposé d'après lequel chaque État a le droit de fixer les conditions entraînant la perte de la nationalité et celles où il peut être permis ou interdit de changer de nationalité.

Ici les autorités de l'État auquel cette permission est demandée sont les seules compétentes, et non celles de l'État qui *accorde* la naturalisation.

C'est alors que chaque État exerce ses droits souverains d'une manière incontestable, dans les limites de sa juridiction.

Il est vrai que, même ces limites étant scrupuleusement respectées, des conflits entre deux droits opposés peuvent se produire.

Il est possible que l'État *A* accorde la naturalisation à un sujet de l'État *B*, qui ne veut pas le libérer, et que, malgré la naturalisation dans l'État *A*, l'État *B* continue à le considérer comme son sujet.

Il est aussi possible que l'État *C* dépouille un sien sujet de sa qualité de citoyen et l'expulse de sa communauté politique, et que l'État *D*, à qui l'expulsé demande la naturalisation, la lui refuse.

De tels conflits sont toujours préjudiciables, soit pour les personnes intéressées, dont les droits civils restent incertains, soit pour les États respectifs à l'égard desquels ils peuvent dégénérer en objet de litige d'un accommodement difficile.

Chaque État a le droit et le devoir de protéger ses nationaux. Et quoique cette protection s'exerce surtout dans les limites de chaque souveraineté, il y a pourtant des cas où un État est nécessairement amené à étendre cette protection au delà de ses propres limites territoriales.

La loi française cherche à prévenir ces conflits onéreux et préjudiciables en adoptant pour principe que *la qualité de Français se perdra par la naturalisation acquise en pays étranger* (Code civil, art. 17).

La liberté d'émigrer pour les Français est donc reconnue complète et sans réserve.

La législation française ne force personne à rester Français; elle ne reconnaît pas et ne veut pas admettre une double nationalité. Un individu est Français, *exclusivement Français*, ou il est étranger. D'après la loi française, personne ne peut être en même temps Français et Anglais, Français et Allemand, etc. Du moment que quelqu'un est devenu Allemand ou Anglais, etc., il cesse d'être Français.

La loi allemande n'écarte pas la double nationalité d'une manière aussi absolue, et ne conclut pas, du fait même de la naturalisation d'un Allemand en pays étranger, à la perte de la nationalité allemande. Par là elle n'écarte pas immédiatement un conflit possible, mais elle menace de la perte de sa nationalité l'Allemand dont l'absence se prolonge dans le pays étranger qui l'a accueilli.

(Voir la loi de la Confédération des États allemands du Nord, du 1er juin 1870, devenue plus tard loi de l'Empire, sur l'acquisition et la perte de la nationalité allemande. Voir surtout les §§ 21 et suivants.)

Voici la conclusion de ce qui précède :

La naturalisation de la comtesse ·de Caraman-Chimay (séparée de corps d'avec le prince de Bauffremont), accordée dans le duché de Saxe-Altenbourg le 3 mai 1875, est un acte souverain du gouvernement ducal, sur la valeur duquel sont seulement et exclusivement compétentes les autorités du duché de Saxe-Altenbourg ou celles de l'Empire allemand.

Si cet acte est reconnu par les autorités allemandes comme naturalisation allemande, il s'ensuit que la personne ainsi naturalisée a perdu sa nationalité française.

III

Des attaques contre la naturalisation.

Et d'abord on pourrait s'en tenir à ce fait que la naturalisation de la princesse a été effectuée en Saxe-Altenbourg, et qu'aucune autorité allemande ne l'a mise depuis en doute.

Mais examinons les attaques qui ont été dirigées en France devant les tribunaux français contre la naturalisation dont il s'agit.

La validité de cette naturalisation a été attaquée de deux côtés : d'abord par le premier mari de la princesse, le prince de Bauffremont ; ensuite par le ministère public, dans l'intérêt de la loi française.

Tous deux dans leur demande s'adressent, non à l'autorité allemande, la seule compétente, mais aux tribunaux français, qui sont parfaitement compétents pour connaître de la perte de la nationalité française, mais non de l'acquisition de la nationalité allemande.

La position des deux demandeurs est pourtant bien différente :

Le premier mari n'a évidemment aucun intérêt sérieux ni admissible à s'opposer à l'émigration de sa femme séparée.

La très-invraisemblable possibilité d'une réconciliation dans l'avenir et d'une réunion avec sa femme séparée ne peut pas être prise sérieusement en considération, quand on pense à la vie qu'a menée ce premier mari durant le mariage. Cette éventualité n'a pas de portée en présence du droit de la femme, incomparablement plus important, et de son intérêt immédiatement réalisable à se créer une meilleure et plus heureuse existence, dans un autre pays, qui ne lui rappellerait pas toujours le triste passé, après avoir enfin obtenu la séparation d'une union si malheureuse par la faute du mari.

Par la séparation, la princesse avait reconquis sa liberté personnelle vis-à-vis du prince, et le pouvoir de celui-ci sur sa personne a cessé par suite de cette séparation. Si donc le prince de Bauffremont veut empêcher sa femme de vivre plus heureuse loin de lui, de quitter son nom, de choisir un nouveau domicile, une nouvelle nationalité, et même de contracter un second mariage, le vrai motif de cette persécution ne peut pas être un sentiment d'affection du mari pour celle qui a été sa femme, mais bien uniquement le désir de se venger de ce que le procès en séparation a eu un résultat si funeste pour l'honneur du prince de Bauffremont.

Quant au ministère public français, il en est autrement. Son action ne doit pas dériver d'une source inavouable, mais elle s'explique par l'intérêt juridique d'assurer à la législation française sur le mariage son efficacité dans la plus grande étendue possible.

D'après le ministère public, la loi française est lésée de deux manières :

1° En ce qu'une femme française séparée de corps a voulu acquérir une nationalité étrangère sans l'autorisation de son mari ou de la justice ;

2° En ce que le motif de cette naturalisation aurait été l'intention de rendre possible un second mariage que la loi française interdit aux époux séparés.

Nous comprenons qu'un jurisconsulte, pénétré de la perfection de sa législation nationale, soit tout d'abord choqué par une action qui lui semble être en contradiction avec ses lois. Si, comme il n'en devrait pas être autrement au conflit des différentes législations chez les divers peuples, on s'élève sur les hauteurs plus libres du droit international, les égards dus aux lois étrangères modèrent nécessairement ce zèle pour ses propres lois. Alors on sera forcément amené à reconnaître que les divers peuples ont de bonnes raisons pour avoir des législations différentes; on trouvera alors tout naturel que l'individu change de nationalité pour des motifs personnels et qu'à la faveur de la nouvelle nationalité choisie et acquise, il obtienne aussi des droits nouveaux qui répondent mieux selon les circonstances à ses besoins que ceux du pays qu'il vient de quitter. On abandonnerait alors cette idée étroite, que chaque État a un intérêt puissant et permanent à maintenir ses ressortissants dans la sujétion de ses lois. On n'envisagerait plus les hommes comme des objets sur lesquels l'État doit toujours essayer et ajuster les principes de sa législation. On apprendrait à mieux apprécier les différents droits. On comprendrait mieux enfin la liberté personnelle de l'individu et on saurait mieux la protéger.

La différence principale entre le droit français et le droit prussien ou allemand porte moins sur la naturalisation que sur le divorce.

Au fond, c'est aussi là le différend principal dans la question pendante, bien que la solution définitive dépende avant tout de la naturalisation.

Il sera donc utile de faire ressortir cette différence entre les deux droits.

IV

Des différents principes sur le divorce.

Dans le monde chrétien tout entier, deux systèmes sont en présence sur le divorce et le droit des époux divorcés de se remarier du vivant l'un de l'autre.

Le premier système consacre la signification *idéale* du mariage comme union de l'homme et de la femme pour la vie entière, et l'applique à la législation civile si impérieusement qu'elle n'admet pas du tout le *divorce*, mais accorde seulement, et pour de graves motifs, une *séparation* personnelle des époux, qui ne dénoue pas le lien du mariage et ne leur permet pas de se remarier tant qu'ils vivent tous deux.

Ce système est l'application de la doctrine de l'Église catholique romaine sur l'indissolubilité du mariage en tant que sacrement.

Il a prévalu au moyen âge sous l'empire du droit canonique. Aussi le désigne-t-on sous le nom de système *catholique*.

Il accentue surtout la *sainteté* du mariage et cherche à maintenir l'*autorité* et l'*indissolubilité* de l'institution comme obligatoires et forcées, alors même qu'il deviendrait certain que la vie en commun et l'exercice de ses devoirs sont devenus impossibles.

Dans ce cas, la *séparation personnelle* peut seule être accordée, jamais le divorce.

Le second système ne méconnaît pas que l'idéal du mariage ne soit l'union pour la vie de l'homme et de la femme; mais il a égard aux imperfections et aux misères de la vie réelle, laquelle ne répond pas toujours à l'idéal.

En conséquence, il admet le *divorce* pour des motifs suffisants, quand pour cause d'adultère ou autres les conditions de la vie commune se trouvent bouleversées. Le lien matrimonial est dissous, les effets du mariage cessent, et les époux divorcés ont la faculté de se remarier et de se créer ainsi une nouvelle famille.

Ce second système est plus favorable à la *liberté personnelle* de l'individu et tient compte des exigences réelles de la vie.

Il juge insuffisante la séparation de corps avec le maintien du lien fictif du mariage, et il repousse la contrainte imposée aux époux séparés de se considérer encore comme époux, quand en réalité la vie commune a cessé pour eux. Ce système est ordinairement appelé *système protestant;* mais c'est à tort. Sans doute il n'est entré dans la législation moderne que depuis la Réforme, au XVIe siècle, et d'abord dans les pays protestants. Mais les principes sur lesquels repose le système du divorce ne sont ni confessionnels, ni religieux ni dogmatiques : ce sont les principes mêmes du droit naturel.

Ce système ne se subordonne pas à l'autorité d'une Église; il fait une distinction sévère entre le domaine du *droit civil* et le domaine des décrets et des traditions de l'Église. Il peut donc aussi être appliqué dans les pays catholiques, car il est essentiellement de droit *laïque* et *civil,* et il répond aux exigences de la législation moderne affranchie de l'influence de l'Église.

Aussi longtemps que le conflit de ces deux systèmes existera chez les peuples civilisés, le droit international ne saurait se prononcer exclusivement pour un système et rejeter l'autre comme immoral et illégal. Dans son impartialité, il ne peut que les respecter également.

Chacun de ces deux systèmes, tous deux très-répandus, s'appuie sur de nombreuses raisons, soit historiques, soit rationnelles. Aussi ne peut-on pas sérieusement reprocher à une personne de préférer le système légal d'un pays étranger au système qui régit sa propre patrie, et de profiter de la voie ouverte par les relations du droit international pour se soustraire à un système légal *oppressif* et conquérir ainsi, sous la protection d'un meilleur système, cette liberté d'action dont elle a besoin.

Le droit international actuel établit la faculté pour chacun de choisir une autre nationalité. Il ne serait ni de la dignité d'un État, ni de son intérêt, de retenir un indigène malgré lui. L'émigration est donc admise. Par les mêmes raisons, un État ne saurait se plaindre, comme d'un manque de loyauté et de fidélité, du fait d'une personne qui préfère quitter son pays d'origine, plutôt que de rester enchaînée par une législation qui ne répond plus à ses conditions d'existence. L'État exige de ses sujets qu'ils observent ses lois sur le mariage, mais seulement autant *qu'ils demeurent ses sujets*. Quand ils cessent de l'être, quand ils sont devenus des étrangers, l'obligation de se soumettre à ses lois cesse pour eux.

La liberté d'émigrer, et, par conséquent, la liberté de changer de nationalité ainsi que d'état personnel, est le principe fondamental du droit international actuel; la législation allemande et la législation française le reconnaissent depuis longtemps déjà. Aussi l'on doit, dans des cas douteux, se prononcer en faveur de cette liberté et non pas la restreindre. Alors seulement la jurisprudence restera en parfaite harmonie avec le développement général du droit et les exigences des relations internationales modernes.

Les hommes et les femmes ont indistinctement les mêmes droits à cette liberté. Toutefois une seule différence est à observer entre les deux sexes : les hommes, dont la vie a plus de rapports avec l'État, qui sont citoyens, demeurent plus étroitement liés à l'État que les femmes, lesquelles n'appartiennent à l'État que par des relations de famille. Pour la femme, la nationalité est d'un prix bien moindre que pour l'homme; la femme appartient plutôt à la famille qu'à l'État. C'est comme épouse et comme mère qu'elle trouve la satisfaction de ses aspirations légitimes, et non comme citoyenne. Et il serait insensé d'exiger d'une femme qu'elle estimât plus haut le lien politique que ses affections, et que par patriotisme elle demeurât soumise à une loi que son cœur réprouve comme injuste et tyrannique. Aussi presque toutes les législations actuelles établissent que la femme, en épousant un étranger, perd de droit sa nationalité et acquiert la nationalité de son mari. Cependant aucune loi moderne ne défend à une femme d'épouser un étranger. La nationalité de la femme n'est dans tous les cas que le résultat d'une alliance de famille librement contractée.

Le droit de changer de nationalité ne peut, d'après les lois françaises, être contesté au mari français, quand bien même il chercherait, par cette voie, le moyen de se remarier. A plus forte raison doit-il appartenir à la femme : car pour elle la nationalité française et le droit français sont d'un prix bien moindre que pour le mari, et ils pèsent sur elle d'un poids bien plus lourd.

Entre le droit français et le droit allemand et spécialement prussien, il existe une différence bien prononcée quant à la séparation et au divorce.

Le droit français qui, avant la Révolution, suivait le droit canonique et n'admettait que la séparation et non le divorce, adopta, par la loi du 20 septembre 1792, le système moderne, plus libéral, et institua alors le divorce.

Le Code civil essaya de concilier les deux systèmes en admettant simultanément les deux solutions, et en laissa, en quelque sorte, le choix aux époux. Mais sous la Restauration, la loi du 8 mai 1816, encore en vigueur, rétablit l'ancien système catholique, supprima complétement le divorce, rendit même la séparation de corps plus difficile et en restreignit les effets. Pendant que sur d'autres points la législation française marchait sans hésitation dans la voie du progrès et servait d'exemple aux autres législations, elle fit incontestablement sous ce rapport un pas en arrière en 1816, et elle n'est plus acceptée comme modèle par les autres peuples.

La législation allemande et surtout prussienne a résolûment adopté l'institution civile du mariage conformément aux idées modernes; elle admet le divorce et assure aux époux divorcés la liberté de se remarier. Le *Preussische Landrecht* aborda cette voie avec la plus grande énergie en stipulant (II, I, § 734) que la séparation de corps judiciairement prononcée a tous les effets du divorce, et que les époux ainsi séparés peuvent contracter un autre mariage.

La supposition du professeur *Labbé*, que le *Preussische Landrecht* ne s'applique qu'aux mariages entre catholiques séparés en Prusse, *est inexacte*. Cette loi assimile toujours, sans distinction, dans toute l'étendue de la juridiction prussienne, la séparation de corps au divorce et maintient le droit des époux de se remarier.

L'ordonnance royale du 17 août 1815, décidant que les époux luthériens séparés de corps dans un pays qui n'admet pas le divorce, s'ils s'établissent en Prusse, doivent être considérés comme divorcés, n'est pas, comme le croit à tort le professeur *de Folleville*, en contradiction avec l'article précité du *Preussische Landrecht;* mais elle en est, comme le dit expressément l'ordonnance dans l'exposé des motifs, un plus large *développement* (Erweiterung). L'article du *Landrecht* mentionnait seulement les catholiques séparés et non les *protestants*. Cela s'explique par ce fait que le divorce était partout établi dans les pays protestants, et que l'on n'y connaissait pas du tout la séparation de corps et de biens.

Une mesure protectrice en faveur du droit des protestants de se remarier semblait donc inutile au législateur du *Preussische Landrecht*. Mais il se présentait des cas où des protestants à l'étranger se trouvaient dans la même position que les catholiques. A l'étranger, ils pouavient obtenir la séparation de corps, et non le divorce. Ces époux protestants pouvaient-ils invoquer le *Preussische Landrecht*, qui ne parlait que des époux catholiques? L'ordonnance royale trancha cette question dans le sens de l'affirmative, à la condition que les intéressés eussent leur domicile en Prusse.

D'autres législations allemandes ne vont pas aussi loin que le *Preussische Landrecht*. On y peut distinguer deux modifications :

1° Certaines législations allemandes n'accordent pas d'emblée aux époux séparés le droit de se remarier comme aux époux divorcés, mais elles leur donnent la faculté de faire transformer par les tribunaux la séparation en divorce et leur fournissent ainsi la possibilité de se remarier. Ces législations arrivent par un détour au résultat que le *Preussische Landrecht* emporte en quelque sorte d'assaut. C'est ainsi que la loi de l'Empire pour l'Alsace-Lorraine, du 27 novembre 1873, abroge la loi française du 8 mai 1816, et permet le divorce aux époux précédemment séparés d'après le droit français et, par là, le droit de se remarier.

2° Le Code civil du royaume de Saxe de 1863 est le moins favorable à la liberté des époux. Mais cette loi aussi reconnaît, § 1767, que la séparation de corps et de biens comporte tous les effets du divorce, à l'exception de la faculté pour les époux de se remarier.

Ainsi, toutes les législations allemandes reconnaissent la femme séparée comme entièrement indépendante de son mari et par conséquent apte, soit à choisir librement son domicile, soit aussi à se faire naturaliser dans un autre pays.

La plupart des législations allemandes permettent à la femme séparée de se remarier : d'après les unes (*Preussische Landrecht*), les duchés saxons (Bade), *sans autre condition préalable;* d'après les autres (loi de l'Empire pour l'Alsace-Lorraine), moyennant que la séparation soit auparavant judiciairement transformée en divorce.

La plus récente loi de l'Empire, du 6 février 1875, obligatoire pour toute l'Allemagne depuis le 1er janvier 1876 (promulguée en Prusse), introduit le régime du dernier système, même dans les États allemands qui jusqu'ici ne permettaient point aux catholiques séparés de se remarier.

Elle décide notamment, § 77, ce qui suit :

« Là où, d'après les lois existantes, la séparation de corps « et de biens serait admise, — désormais le divorce doit être « prononcé.

« Si avant le jour où la présente loi devient obligatoire il « a été reconnu qu'il y a séparation de corps et de biens et

« qu'une réconciliation des époux séparés n'a pas eu lieu,
« chacun des époux séparés peut réclamer par la voie ordi-
« naire la dissolution du mariage. »

Cette loi qui, contrairement à la loi ancienne, subordonne
la faculté pour les époux séparés de se remarier à la condition de faire préalablement prononcer leur divorce par justice,
enjoint en même temps aux tribunaux allemands de convertir
les arrêts de séparation en arrêts de divorce.

Mais cette condition ne peut s'imposer aux époux séparés à
l'étranger, car il va sans dire que les tribunaux allemands ne
peuvent avoir autorité pour modifier le caractère d'un arrêt
rendu par des tribunaux étrangers. C'est pourquoi l'art. 734
du *Preussische Landrecht* continue de régir les époux séparés
à l'étranger qui viennent établir leur domicile sur le terri-
toire prussien.

Il est bien entendu que cette loi, faite surtout pour étendre
à l'Allemagne entière la faculté pour les époux séparés de se
remarier, ne pouvait avoir pour conséquence de supprimer
les droits consacrés par le *Preussische Landrecht* en faveur
des époux séparés à l'étranger, mais domiciliés en Allemagne.

V

Des conditions de la naturalisation en Allemagne.

La naturalisation d'un étranger dans un État allemand
est, comme nous l'avons démontré plus haut, un acte de souveraineté.

Les autorités de chaque État allemand ou celles de
l'Empire sont les seules compétentes à cet égard. Il appartient à la législation allemande d'en fixer les conditions.

La loi du 1er juin 1870 (précédemment loi de la Confédération des États allemands du Nord, — depuis loi de l'Empire), dit dans son § 8, à propos de la naturalisation des
étrangers :

« L'acte de naturalisation doit être accordé aux étrangers :
« 1° S'ils peuvent, d'après les lois de leur patrie, disposer

« de leur personne, ou si, à défaut de cette aptitude, ils ont
« l'autorisation d'un père, tuteur ou curateur du requérant ;

« 2° Si leur conduite est irréprochable ;

« 3° S'ils ont dans l'endroit où ils veulent se fixer une ha-
« bitation à eux ou une location ;

« 4° S'ils sont en état de pourvoir à leur entretien et à celui
« de leur famille selon les conditions locales. »

Bien entendu, les autorités allemandes seules ont à apprécier ces conditions.

— Les conditions énumérées aux §§ 2, 3 et 4 ont été incontestablement remplies par la comtesse de Caraman-Chimay.

C'est relativement à la première condition seulement que
l'on a émis des doutes. Mais évidemment la loi, en se réfé-
rant aux incapacités établies par les législations étrangères,
ne vise que les personnes dont la liberté d'action est amoin-
drie, et qui pour cette cause sont sous tutelle, conformément aux lois de leur patrie. Ceci ressort de ce qui y est dit,
à savoir, que la capacité de la personne peut être complétée
par l'accession du père, tuteur ou curateur.

Il n'est pas parlé des femmes mariées ; le mari n'est nullement mentionné.

Néanmoins j'accepte pour acquis (contrairement à l'appré-
ciation du professeur de Folleville) que les femmes mariées
qui, d'après les lois de leur patrie, vivent sous la tutelle ou
la dépendance de leurs maris, sont aussi comprises dans cette
catégorie : car leur liberté d'action en général est limitée,
non pas à cause de leur personne, mais bien à cause du lien
conjugal, et parce que pour elles aussi l'incapacité cesse par
le fait de l'assentiment ou de l'intervention du mari. L'analogie de leur cas avec le cas des mineurs est évidente.

Mais cela s'applique seulement aux femmes qui vivent
dans la *communauté conjugale avec leur mari*, et non pas aux
femmes séparées de corps, sur lesquelles le mari n'exerce
plus aucune tutelle ni ne *possède plus* aucun *pouvoir personnel ;* leur liberté d'action ne soulève aucun doute.

Toutes ces données reposent sur le *droit naturel* et n'ont
subi de différence dans les diverses législations que dans
leurs développements accessoires. Aussi on peut sans hésiter
prendre en considération dans cette question les législations
étrangères.

Il y a des restrictions de la liberté qui existent dans certains pays, qui sont contraires aux principes des lois allemandes, mais qui n'ont aucune base sur le droit naturel. Telles sont :

1° L'incapacité des esclaves (dans les pays esclavagistes) de disposer de leur personne ;

2° L'incapacité des serfs attachés à leur glèbe de changer de domicile et d'émigrer ;

3° L'incapacité des moines de quitter leur couvent dans les pays soumis à l'influence de l'Église catholique romaine.

Si donc des personnes d'une de ces trois catégories venaient en Allemagne, ayant d'ailleurs toute leur capacité d'après le *droit naturel*, elles seraient traitées en personnes libres, et rien ne s'opposerait à leur établissement et à leur naturalisation en Allemagne. Les exemples ne sont pas rares, surtout pour la troisième catégorie.

Le droit allemand protége encore cette liberté naturelle et humaine au profit des étrangers dont la liberté est méconnue et opprimée par la législation de leur pays.

Or, dans quel cas se trouve la femme qui a été séparée de corps à l'étranger ?

Les législations des divers États allemands traitent la femme *séparée* par rapport à sa capacité, comme si elle était *divorcée*. Aucune loi allemande ne la place sous la tutelle de son ci-devant mari. Le pouvoir de ce dernier a cessé avec la séparation. Elle peut choisir son domicile où elle veut, sans qu'il soit en droit de l'en empêcher. Elle peut aussi, par la même raison, se faire naturaliser sans que son ci-devant mari puisse s'y opposer.

Si donc une femme séparée fixe son domicile en Allemagne et demande à un État allemand la naturalisation, tout gouvernement allemand sera tenu de la regarder comme une femme divorcée, comme libre de sa personne et capable de disposer d'elle-même ; il ne sera pas obligé d'examiner si le droit français contient, à cet égard, des dispositions contraires, et il ne croira pas manquer aux obligations internationales, pas plus qu'aux dispositions spéciales de la loi de l'Empire, en protégeant la liberté naturelle, conformément aux principes du droit allemand, en accueillant la femme étrangère séparée de corps comme il accueillerait une religieuse, un moine échappé à la séquestration claustrale.

L'exception du § 8, dans la loi de l'Empire, ne fait aucune mention de la femme séparée : donc la loi de l'Empire ne s'oppose pas à la naturalisation de cette femme par un État allemand.

Point de doute : en Saxe-Altenbourg, comme dans les États voisins, comme dans l'Allemagne entière, une femme séparée est, comme une femme divorcée, entièrement libre de disposer de sa personne, libre de choisir son domicile, de quitter sa nationalité, d'en adopter une autre ; libre, enfin, comme le serait tout autre individu.

Les Allemands maintiennent qu'avec la séparation tout pouvoir *personnel* du mari sur la femme doit cesser et que la femme recouvre sa liberté naturelle et sa capacité, qui n'ont été limitées, en faveur de la communauté maritale, que pendant la durée de la vie commune. Si réellement le droit français en disposait autrement, une pareille prescription serait partout en Allemagne traitée de despotique et contre nature.

D'après ces principes, le gouvernement de Saxe-Altenbourg a, sans aucun doute, pu accueillir la demande d'une Française séparée et lui concéder la naturalisation allemande. Sa conviction légale se trouvait sous ce rapport confirmée par deux considérations morales.

La première, c'est que la comtesse de Caraman-Chimay était Belge, élevée comme Belge (1), et que sa nationalité française datait seulement de son mariage avec un sujet français.

____

(1) La loi belge, qui était pour la princesse le droit naturel primitif, admet le divorce aboli en France par la loi de 1816. Bien que la princesse ne soit devenue Française que par son mariage, elle a cependant rendu à sa nouvelle patrie des services importants pendant la guerre de 1870-71. Sans parler de ses ambulances à Paris et à Ménars, on peut voir par le fait suivant, que tout le monde a connu en France, comment sa grande âme entend le patriotisme :

Quatre habitants de Saint-Bohair près Blois ayant été emmenés par les troupes allemandes à Cologne pour être traduits devant un conseil sous une accusation capitale, la princesse adressa à l'empereur Guillaume la lettre suivante :

       « Sire,

« Il me faut le désespoir dont je suis témoin pour trouver dans mon cœur « le courage de m'adresser directement à Votre Majesté, pour que j'ose venir

La seconde, c'est que l'arrêt de séparation rendu en sa faveur établit bien clairement que la femme était irréprochable, tandis que le mari était coupable vis-à-vis d'elle. Or, admettre que le mari coupable peut à son gré se faire naturaliser, tandis que la femme innocente en serait empêchée par le fait de ce mari coupable, il y aurait là vraiment de quoi révolter à la fois le bon sens et le sentiment du droit.

Toutefois, il faut reconnaître que le gouvernement d'Altenbourg, avant d'accorder la naturalisation, aurait pu apprécier la capacité de la femme à cet égard, d'après le droit français.

Nous sommes ainsi amené à un examen du droit français sur cette question.

Il est certain qu'en France la femme séparée reconquiert la capacité personnelle en général et qu'elle devient, en outre, indépendante de son mari pour l'administration de ses biens.

La jurisprudence reconnaît que la femme est devenue libre de choisir son domicile sans le consentement de son mari ; mais les jurisconsultes sont divisés sur la question de savoir si elle peut, sans cette autorisation, changer de nationalité.

Les uns sont pour la négative.

Cette manière de voir est soutenue dans la dissertation du professeur Labbé.

« en suppliante vous demander la grâce de quatre pauvres malheureux re-
« tenus dans les prisons de Cologne.

« Un seul de ces hommes fut coupable d'avoir essayé de défendre son sol
« contre l'ennemi. Vous êtes homme, Sire, vous êtes soldat ; en temps de
« guerre la défense est-elle un crime ?

« Pendant la durée de la guerre l'ambulance du château de Ménars fut
« ouverte à toutes les souffrances : la charité ne connaît pas d'ennemis.

« J'ai soigné vos soldats, j'ai pansé vos blessés avec tout mon cœur et tout
« mon dévouement. Aujourd'hui, Sire, je viens réclamer mon salaire, je vous
« demande la grâce de mes pauvres protégés. »

Cette démarche fut couronnée de succès.

Les Français prisonniers furent grâciés.

Cette attitude de la princesse ne répondait-elle pas par avance et bien victorieusement aux imputations du ministère public sur le prétendu défaut de patriotisme ?

Le prince Bibesco n'est-il pas, lui aussi, un grand et dévoué ami de la France pour laquelle il a combattu en Afrique, au Mexique et dans la dernière guerre !

Tout leur crime est d'avoir manqué de respect envers la loi du 8 mai 1816, à laquelle la France paraît d'autant plus tenir qu'elle ne tardera pas à en avoir seule le dépôt.

Il l'appuie particulièrement sur les considérations suivantes :

A. Sur ce que la femme séparée est, légalement, toujours considérée comme épouse, et que les droits du mari n'ont cessé que relativement à la cohabitation ainsi qu'à l'administration de la fortune, mais sont maintenus sous les autres rapports.

B. Sur l'autorité d'Aubry et Rau, et même sur celle de Laurent, lequel, quoique adversaire de la loi de 1816 et défenseur du divorce, reconnaîtrait pourtant cette conséquence au droit français.

C. Sur la jurisprudence.

D. Sur l'analogie avec les art. 215 et 217 du Code civil, qui obligent la femme séparée à demander l'autorisation du mari pour des actes juridiques.

D'autres soutiennent l'affirmative. Le professeur de Folleville reconnaît à la femme française séparée le droit de choisir son domicile ainsi que sa nationalité.

Et il en donne les raisons suivantes :

(*a*). D'après l'ancien droit français, l'époux séparé non coupable pouvait entrer dans un couvent sans l'autorisation de l'époux coupable. La personne liée par les vœux monastiques était soumise à la mort civile. Si la loi du moyen âge donne à la femme le droit d'une disposition bien autrement grave, on doit nécessairement lui accorder la faculté (moindre dans ses conséquences) de se faire naturaliser.

(*b*). Une Française séparée peut choisir librement son domicile, même à l'étranger. Dans quelques pays, la nationalité s'acquiert déjà par le domicile. Si donc elle se rend dans un de ces pays, la naturalisation s'ensuit de plein droit. Comme les lois se taisent là-dessus, on doit donc considérer comme permise une émigration qui vise directement à la naturalisation.

(*c*). Une autorité persistante du mari est contraire au véritable caractère de la séparation.

(*d*). Accorder au mari le droit de *veto* serait abandonner la femme à son caprice et à sa haine ; ce serait, le cas échéant, empêcher la femme de pourvoir à son entretien et en général d'améliorer son existence.

(*e*). Les lois françaises, ainsi que les auteurs qui imposent à la femme séparée la condition de l'autorisation du mari, l'appliquent à certaines affaires d'intérêt et non pas à la naturalisation, dont les conséquences sont purement *personnelles*.

(*f*). L'admission comme règle de l'incapacité de la femme séparée produirait, sous ce rapport, les résultats les plus ridicules et les plus monstrueux ; notamment elle favoriserait le mari coupable au détriment de la femme innocente, et cela d'une manière scandaleuse.

M. de Folleville cite, entre autres, Blondeau, ancien doyen de la Faculté de droit de Paris, qui avait étudié et approfondi la question et qui conclut dans le même sens.

Nous ne connaissons pas assez le droit français pour nous croire autorisé à nous prononcer pour l'une ou pour l'autre de ces opinions.

Mais, justement parce que les jurisconsultes français ne sont pas d'accord sur cette question, on ne saurait blâmer un gouvernement allemand de ce que, tout disposé qu'il soit à tenir compte du droit français, il agit d'après l'opinion qui se rapproche le plus de la jurisprudence allemande, qui est en même temps la plus conforme au droit naturel.

Ainsi, dans les deux cas, soit que le gouvernement de Saxe-Altenbourg se soit arrêté au droit allemand ou qu'il ait eu égard au droit français, il ne s'est nullement écarté des obligations internationales en accordant la naturalisation à une Française séparée.

Nous conclurons de ce qui précède que la comtesse de Caraman-Chimay est Allemande naturalisée depuis le 3 mai 1875.

VI

Des effets de la naturalisation allemande.

La naturalisation d'un étranger le fait participer au droit national de l'État qui accorde la naturalisation.

Ainsi la comtesse Valentine de Caraman-Chimay, étant devenue Altenbourgeoise, et, par suite, sujette de l'Empire allemand, s'est trouvée placée sous la protection, non-seulement des autorités ducales, mais encore des autorités de l'Empire, et a réclamé d'elles la sauvegarde des droits que la naturalisation lui a conférés. Comme les autorités françaises n'avaient pas compétence pour connaître de la validité de la naturalisation allemande acquise par la princesse, cette naturalisation devait être acceptée avec tous ses effets aussi bien en France qu'ailleurs.

Le tribunal de la Seine, par son jugement du 10 mars 1876, semble admettre que la naturalisation de la princesse est valable en Allemagne, mais nulle en France.

Cette scission à propos d'un acte de droit, cette espèce de conflit entre deux législations, sont tout à fait inadmissibles. Le droit international reconnaît que chaque État a le droit de naturalisation et que toute décision sur ce point lui appartient exclusivement ; aucun État étranger (pas plus celui auquel appartenait précédemment le naturalisé qu'un autre) n'a le droit de déclarer la naturalisation accordée comme nulle et de nul effet.

Le naturalisé serait parfaitement en droit d'invoquer l'intervention de sa nouvelle patrie pour défendre la validité de sa naturalisation ; c'est là une conséquence de la souveraineté politique que tous les États exercent également et réciproquement et qui est garantie par le droit international.

Il est vrai que, dans un procès antérieur, les tribunaux français et même la Cour de cassation, par arrêt du 16 décembre 1845, ont infirmé la naturalisation d'un Français en Suisse et l'ont déclarée nulle et sans effet.

Cet arrêt, en tant qu'il portait atteinte à la souveraineté de la Suisse, ne pourrait pas être reconnu par le droit international. Cependant dans le cas cité les tribunaux français avaient quelque raison de considérer cette naturalisation comme apparente et non comme une expatriation réelle, vu que le Français dont il s'agit resta constamment domicilié en France et non en Suisse.

Tel n'est pas notre cas. La comtesse de Caraman-Chimay avait bien réellement quitté la France, le pays de son funeste mariage, et elle était domiciliée déjà depuis un certain temps en Allemagne ; sa naturalisation se fondait donc sur un changement effectif et réel de résidence.

Du fait de l'acquisition de la naturalisation allemande il suit nécessairement, d'après l'article 17 du Code civil, que la princesse a perdu la nationalité française et que le droit français ne régit plus son état personnel. Par suite, les tribunaux français sont incompétents pour connaître de la validité ou de l'invalidité de son second mariage en Allemagne; car elle n'a pas contracté ce mariage comme Française et au mépris des lois françaises, mais bien comme Allemande et en vertu du droit allemand. Comme Allemande, elle n'était plus tenue à l'observation des lois d'un pays qu'elle avait quitté, auquel elle n'appartenait plus.

Certainement les tribunaux français sont toujours compétents pour statuer, relativement au prince de Bauffremont, sur les conséquences que ce second mariage peut avoir à son égard. S'ils le déclaraient, en vertu du droit français, incapable de se remarier, ce serait certainement très-dur pour lui; mais il devrait subir cette interprétation, cette application, sévère du droit français par les tribunaux français, tant qu'il reste Français.

Une action criminelle ne pourrait pas davantage s'exercer devant les tribunaux français contre la princesse Bibesco pour bigamie, car par sa naturalisation en Allemagne elle a cessé d'être Française et justiciable des lois françaises.

Le mariage qu'elle avait contracté à Berlin comme Allemande et d'après le droit allemand, ne peut jamais devenir un crime justiciable en France, vu qu'un acte accompli en Allemagne par des Allemands relève des tribunaux allemands seuls, et non des tribunaux étrangers.

Donc, encore sous ce rapport, la princesse aurait le droit d'invoquer la protection de l'Empire allemand contre cette ingérence d'un État étranger et contre cette violation de son droit.

Mais une réflexion plus calme ramènera nécessairement les tribunaux français aux égards dus au droit international et empêchera toute action contre la princesse Bibesco, vu qu'une poursuite provoquerait un conflit avec l'État exclusivement compétent en cette affaire et serait considérée par ce dernier comme une atteinte à sa souveraineté.

VII

De l'état personnel dans le droit international.

On diffère sur la question de savoir d'après quel droit on doit juger l'état personnel des époux au moment du mariage et surtout la capacité de se remarier. On a jadis quelquefois soutenu que la faculté de se remarier relevait de la juridiction qui avait prononcé la séparation ou le divorce; cette opinion est aujourd'hui abandonnée partout.

Ce n'est pas, en effet, une raison, parce que telle juridiction aura prononcé sur la séparation ou le divorce, pour que la personne séparée ou divorcée reste toute sa vie rivée à cette même juridiction. L'arrêt de séparation ou de divorce ne constitue pas un lien judiciaire indissoluble entre le tribunal qui l'a prononcé et les époux séparés ou divorcés. Nous ne reconnaissons point qu'une juridiction puisse dériver du simple précédent d'un arrêt de séparation ou de divorce rendu par elle.

Le tribunal de la Seine ne peut donc pas se baser sur le précédent procès en séparation pour prétendre conserver juridiction sur la princesse séparée de Bauffremont.

Parmi les jurisconsultes, il y a trois opinions sur la question.

I. Les auteurs américains en matière de droit international, ainsi que les tribunaux des États-Unis, admettent la juridiction du lieu de la célébration du mariage, à une seule exception près : au cas où l'application de cette règle s'attaquerait aux bases de la civilisation moderne : si, par exemple, les époux se rendaient dans un pays où la polygamie ou l'inceste seraient pratiqués; hors ce cas, ils admettent la faculté de se remarier si elle est admise au lieu où le second mariage s'est fait.

STORY, *Comment. on the conflict of laws*. Boston, 1857, § 59.

DUDLEY-FIELD, *Draft outlines of an intern. code*. New-York, 1872, § 547. « A mariage valid according to the laws of the place, where it is contracted, is valid every-where. »

Les Américains ont aussi égard au domicile. Voy. Dudley-field, § 558; — Story, §§ 64 et suivants.

L'Américain Wharton (*A treatise of the conflict of laws.* Philadelphie, 1872, § 95) se déclare entièrement pour le droit du domicile; il est donc d'accord avec la jurisprudence allemande.

Cette première opinion, quoiqu'elle dissipe quelques doutes et empêche des conflits, n'a pas prévalu en Europe, parce que les qualités personnelles essentielles, ce que nous appelons *l'état personnel,* ne peuvent pas être déterminées et régies par le lien accidentel d'un séjour peut-être passager, parce que l'homme ne change pas sa personnalité aussi souvent qu'il traverse, en voyageant, des pays différents. La jurisprudence européenne admet bien que la forme d'un acte puisse être réglée d'après le droit du lieu où l'affaire s'est faite; mais elle ne peut admettre que les conditions personnelles puissent être déterminées d'après une base aussi variable. Au surplus, si on jugeait notre cas d'après la doctrine américaine, on lui appliquerait le *Preussische Landrecht*, qui est en vigueur à Berlin, lieu de la célébration du mariage de la princesse de Bauffremont (séparée) avec le prince Bibesco.

Les articles du *Preussische Landrecht*, t. II, tit. I, disent :

§ 734. « La séparation définitive de corps et de biens (*Tis-chundbett*) prononcée entre époux catholiques a tous les effets civils du divorce. »

§ 735. « L'époux séparé est libre de décider selon sa conscience si, d'après les principes de sa religion, il peut profiter de cette séparation pour contracter un autre mariage. »

II et III. En Europe, et sur certains points en Amérique, les deux autres opinions ont prévalu, qui veulent que l'état personnel soit déterminé, non pas par les hasards d'un séjour arbitraire, mais par le lien légal, nécessaire et durable, sous l'empire duquel se trouve une personne.

Ces deux opinions considèrent comme déterminant la juridiction :

L'une, le domicile ;

L'autre, le lien national.

L'une vise les relations durables d'une personne dans un pays, relations qui se manifestent par le domicile ; l'autre, l'alliance durable d'une personne avec un peuple et un État.

Nous appellerons l'une le *système territorial,* l'autre le *système des nationalités.* La première des deux tient plutôt aux traditions du moyen âge. La dernière répond mieux à l'esprit de la législation moderne. Aujourd'hui, les peuples ont compris que les conditions personnelles et durables d'un individu se déterminent, moins par ses rapports locaux avec le sol, que par le lien avec la personnalité du peuple, c'est-à-dire par la *nationalité.*

Le droit français et la jurisprudence française ont adopté le système des nationalités bien avant la législation et la jurisprudence allemandes.

Le système territorial est soutenu encore aujourd'hui par plusieurs auteurs allemands très-distingués. Voy. DE SAVIGNY, *Système du droit romain,* t. VIII, § 346 ; DE BAR, *Le Droit civil international.* Hanovre, 1862, §§ 327 et suivants.

Ce système a passé aussi dans la législation allemande : *Preussische Landrecht,* Avant-propos, § 27 :

« La qualité et les droits d'un homme doivent être ap-
« préciés d'après les lois de la juridiction dans laquelle il a son
« domicile habituel. »

Et dans le Code autrichien, § 34.

Il est encore à remarquer que, dans les anciennes législations allemandes et chez les jurisconsultes allemands, la différence entre le *domicile, qui est plutôt du droit privé,* et la *nationalité* (communauté nationale, dépendance politique), *qui est du droit commun,* n'est pas toujours suffisamment définie, et qu'on est plutôt porté, quand des circonstances spéciales ne s'y opposent pas, à déduire la nationalité du domicile.

D'autres jurisconsultes allemands, comme RENAUD, *Droit privé allemand,* t. I, p. 103, s'étaient déjà précédemment déclarés pour le principe des nationalités.

Les plus récentes lois de l'Empire allemand sur la nationalité penchent aussi décidément vers la dernière doctrine. Elle peut aujourd'hui, en ce qui concerne le mariage, être envisagée comme la doctrine dominante.

C'est un mérite de la législation française d'avoir, la première, reconnu et proclamé le principe des nationalités.

Il est vrai que l'article 3 du Code civil pose ce principe seulement en faveur des Français, même résidant à l'étranger :

« Les lois concernant l'état et la capacité des personnes ré-

« gissent les Français, même résidant en pays étranger. »

Mais la jurisprudence et la coutume françaises étendent ce principe aux étrangers qui résident en France :

Fœlix, *Traité du droit international.* 3ᵉ édition, par Demangeat. Paris, 1856, t. I, p. 66 et suivantes.

Laurent, *Principes. de droit civil.* Bruxelles, 1869, t. I, p. 121 et suivantes.

Le principe des nationalités est développé d'une manière très-étendue et très-claire dans :

Codice civile Italiano, art. 6.

Sont encore conformes :

Le Code zurichois, §§ 2 et 3, et *le Code néerlandais*, § 6.

Ce dernier, surtout pour les Hollandais à l'étranger, mais moins formellement pour les étrangers dans les Pays-Bas.

C'est surtout Brocher qui dans ces derniers temps a étudié la question à fond et s'est déclaré aussi pour le principe des nationalités (*Revue du droit international*, t. III, p. 432 et suivantes, et t. IV, p. 197 et suivantes).

Il fait remarquer que ce principe est surtout destiné à préserver la société des conséquences de la dispersion de ses membres.

Il démontre que l'État, obligé de protéger ses ressortissants à l'étranger contre toute violation des droits internationaux, doit également maintenir avec la patrie la connexion de ces ressortissants qui séjournent à l'étranger, et que les États étrangers sont également obligés de la respecter.

Le plus souvent les indigènes reviennent de l'étranger. Il est donc d'autant plus nécessaire d'apprécier leurs conditions personnelles d'après le droit auquel ils appartiennent par leur naissance ou leur naturalisation.

Mais, qu'on accepte le domicile ou la nationalité comme déterminant l'état personnel, toujours est-il que la princesse de Bauffremont, séparée en France et naturalisée en Allemagne, ne pourrait plus être jugée d'après le droit français.

Le droit français ne considère dans cette question que la nationalité et non le domicile ; or, la princesse avait perdu sa nationalité française par la naturalisation allemande.

Il était donc indifférent pour le droit français qu'outre son domicile allemand, elle en eût encore conservé un en France (au château de Ménars) : car, en tout état de choses, elle ne pouvait pas posséder en même temps la nationalité française et la nationalité allemande.

Cette question n'a d'intérêt que pour le droit allemand *en Allemagne*, et très-secondairement, puisque dans le cas présent les conditions du domicile et de la nationalité se trouvent remplies. En effet, la princesse, naturalisée en Saxe-Altenbourg où elle avait domicile, avait également élu domicile à Berlin, comme le prouve l'acte de mariage ; or, d'après la loi de l'Empire sur le mariage, §42, elle pouvait, à son choix, se marier à Berlin ou à Altenbourg.

L'officier de l'état civil à Berlin qui, selon la loi, dressait l'acte de mariage du 24 octobre 1875, demandait d'abord, d'après les dispositions du *droit prussien* (Voy. LAWRENCE, *Étude de législation comparée sur le mariage; Revue du droit intern.*, t. II, p. 260), à l'autorité de la patrie actuelle de la princesse, un certificat établissant qu'il n'existait pas d'empêchement au mariage dans le pays auquel elle appartenait, non-seulement par sa naturalisation, mais aussi par son domicile. Personne ne mettait en doute qu'elle ne fût que séparée, et non divorcée, comme l'attestent les documents ; les autorités d'Altenbourg et l'officier de l'état civil à Berlin en étaient parfaitement informés : on ne voulait tromper personne. On leur a soumis, comme ils l'exigeaient, tous les actes et toutes les pièces du procès en séparation dans les trois instances de la justice française.

Lorsque le marquis de Sayve, de l'ambassade de France à Berlin, se permet d'accuser le ministère d'Altenbourg d'avoir, selon lui, traité cette affaire avec légèreté, et qu'il parle de l'embarras des employés de ce ministère en présence de la demande de M. Tholsausen pour avoir copie de l'acte de naturalisation, c'est là un reproche outrageant, mal fondé, qui retombe sur celui qui, sans connaissance de cause, avance, dans un document officiel, une assertion aussi téméraire.

L'officier de l'état civil à Berlin, avant de procéder au mariage, a étudié la cause à fond pendant un mois, ayant sous les yeux le texte français et une traduction authentique du jugement du tribunal civil de la Seine, de l'arrêt d'appel et de l'arrêt de la Cour de cassation, avec toutes les pièces du procès.

Les autorités allemandes n'ont donc été trompées sous aucun rapport; la princesse n'a nullement cherché à cacher sa position personnelle. De part et d'autre, on a agi franchement, loyalement, dans la pleine confiance du droit.

Le conseil communal d'Altenbourg était seul compétent pour délivrer à la princesse, devenue Altenbourgeoise, le certificat négatif de tout empêchement au mariage.

Le conseil communal d'Altenbourg ayant déclaré formellement et sans réserve qu'il n'y avait aucun empêchement légal à ce que la princesse se remariât, il faut conclure que, d'après le droit de Saxe-Altenbourg, comme d'après le droit de Saxe-Weimar et le *Preussische Landrecht*, une femme séparée de corps et de biens a le droit de se remarier, comme si elle était divorcée.

Il semble d'ailleurs que dans tous les duchés saxons cette règle soit adoptée soit par la doctrine, soit par des lois spéciales. J'ai sous les yeux, à ce sujet, un document provenant du duché de Saxe-Cobourg-Gotha. Le 16 décembre 1858, M. Schweizer, grand aumônier de la cour, procédait, dans la chapelle ducale, au mariage du comte V. d'E., avec la comtesse A. de R., femme séparée du comte R. de P., de la Galicie, et naturalisée à Gotha. Quoique, d'après le droit autrichien, les époux catholiques séparés ne puissent se remarier, non plus que dans le droit français, ce second mariage d'une ci-devant Autrichienne, séparée en Autriche, n'a jamais été attaqué devant les tribunaux autrichiens. Le mariage fut reconnu valable en Allemagne, et, par cela même, furent partout respectés et la naturalisation allemande et le mariage contracté d'après le droit allemand.

Les tribunaux français se trouvent à l'égard du mariage Bibesco dans la même situation où les tribunaux autrichiens se trouvaient vis-à-vis du mariage R. de P. Le droit international leur interdit de s'immiscer dans une cause où le droit allemand est la seule règle et où les tribunaux allemands sont seuls compétents.

L'officier de l'état civil de Berlin était tenu à l'application du *Preussische Landrecht*, puisque la princesse avait pris domicile à Berlin, *Potsdamerplatz*. Or, le *Preussische Landrecht* est toujours en vigueur pour les époux catholiques séparés à l'étranger; le droit de Berlin et le droit d'Altenbourg étaient donc d'accord sur le droit de la princesse de se remarier.

Enfin je peux citer ce qui se pratique d'analogue en Angleterre.

Quoique l'Angleterre et l'Écosse soient un même État, elles ont cependant chacune sur le mariage une législation particulière. Ainsi le droit anglais admet le divorce, mais le divorce ne peut être accordé que par acte du Parlement; il est par conséquent très-difficile à obtenir. En Écosse, la législation est plus libérale et le divorce dès lors plus facile. Aussi arrivait-il fréquemment que des époux anglais, désireux de divorcer et de se remarier, se transportaient en Écosse et obtenaient le divorce des tribunaux écossais.

De là des conflits entre les tribunaux anglais et les tribunaux écossais. Finalement les tribunaux anglais décidèrent que, quand des Anglais transféreraient en Écosse leur domicile, ils pourraient divorcer et se remarier d'après le droit écossais. Seulement dans le cas où, sans prendre domicile en Écosse, ils s'y rendraient uniquement dans le but de se dérober aux lois anglaises et d'obtenir les avantages des lois écossaises, alors les tribunaux anglais continueraient à ne pas reconnaître un pareil divorce.

Voy. : Schaffener, *Développement du droit international privé.* Francfort, 1844, p. 168. — Fœlix, *Traité du droit international,* I, 66 et 67. — Wharton, *A Treatise of the conflict of laws.* Philadelphia, §§ 95 et suiv. — De Bar, *Droit international privé,* p. 329 et 331. « La capacité de se remarier doit donc « être reconnue seulement d'après les lois du domicile « acquis après le divorce prononcé, et non pas d'après les lois « du lieu où le divorce a été prononcé. »

Mon étude était terminée quand j'eus connaissance de celle du professeur de Holtzendorff. Bien que différant dans quelques détails, l'Étude du professeur de Holtzendorff est, en principe, conforme à la mienne.

CONCLUSION.

Nous pouvons nous résumer ainsi :

1° La naturalisation d'un étranger, ou son admission dans

une nouvelle nationalité, est un acte souverain de l'État qui l'accorde, acte au sujet duquel cet État est seul et exclusivement compétent.

2° La naturalisation dans le duché de Saxe-Altenbourg de la comtesse de Caraman-Chimay, Belge de naissance, devenue Française par suite de son mariage avec le prince de Bauffremont, est l'acte souverain d'un gouvernement allemand, sur la validité duquel les autorités de Saxe-Altenbourg, ou le gouvernement de l'Empire allemand, sont exclusivement compétents.

3° D'après le droit allemand, la validité de cet acte souverain, en vertu duquel la comtesse de Caraman-Chimay, devenue Allemande et sujette de Saxe-Altenbourg, est incontestable. La comtesse a donc le droit d'invoquer la protection de l'Empire allemand.

4° Les conditions requises pour la naturalisation d'une Française par un État allemand ont été toutes remplies. Les doutes sur la capacité de la ci-devant princesse de Bauffremont soulevés par le tribunal de la Seine, qui est *absolument incompétent* dans la question de naturalisation, sont *mal fondés* et proviennent d'une fausse interprétation du droit allemand, qui reconnaît la liberté personnelle de la femme séparée et son droit de choisir un domicile et de s'expatrier.

5° D'après le droit international, chaque État est compétent pour décider dans quel cas un de ses sujets perd sa nationalité.

Sous ce rapport, les tribunaux français sont compétents, et, comme le Code civil français, pour prévenir les conflits avec des États étrangers, décide d'une manière positive que chaque Français naturalisé à l'étranger perd aussitôt la nationalité française, la comtesse de Caraman-Chimay, en devenant Allemande, a perdu sa qualité de *Française* et ne peut plus être jugée d'après le droit français.

Le droit français reconnaît aux Français la liberté d'émigrer.

L'émigration effectuée dans le but de se soustraire à une loi tyrannique, et de se mettre sous l'abri d'une législation qui protége mieux le bien-être de l'émigré, est irréprochable et permise.

6° Il existe entre la législation française et la législation allemande cette différence : que la première, adoptant les doctrines de l'Église catholique, interdit le divorce et défend aux époux séparés de se remarier ; tandis que la seconde admet le divorce et permet de se remarier, dans l'intérêt de la liberté personnelle et des exigences de la vie réelle.

7° Un Français doit se soumettre à la jurisprudence française ; mais un Allemand a le droit de jouir des dispositions plus libérales et plus modernes de la législation allemande.

8° Sur le second mariage de la comtesse allemande, séparée, princesse de Bauffremont, avec le prince Georges Bibesco, célébré à Berlin, le droit allemand avait seul à se prononcer, et non plus le droit français, puisque la comtesse s'est remariée comme Allemande et non comme Française.

9° Les tribunaux français sont compétents pour se prononcer sur le *statut personnel* de M. de Bauffremont, resté Français, mais nullement sur le statut de la princesse, devenue Allemande.

10° Cette opinion, que le tribunal qui a prononcé une séparation puisse être compétent pour juger un second mariage, est abandonnée depuis longtemps, et elle ne s'appuie d'ailleurs sur aucune jurisprudence.

Dans le droit international il y a trois systèmes :

a. Le système américain, qui applique la loi du lieu où le mariage a été contracté ;

b. L'ancien système allemand, qui applique la loi du domicile ;

c. Le système moderne, allemand et français, qui applique la loi de la nationalité.

Or, ces trois systèmes consacrent également et par des motifs irréfutables la validité du second mariage de la princesse Bibesco.

En effet, Berlin est tout à la fois le lieu où le mariage a été célébré et celui où la princesse avait son domicile, et Berlin est régi par le *Preussische Landrecht*, qui autorise le second mariage. D'autre part, Altenbourg, dont la princesse avait acquis la nationalité et où elle avait aussi un domicile, n'avait aucun empêchement à apporter à ce mariage.

PIÈCES

I. Extrait du jugement de séparation du 7 avril 1874.

Tribunal civil de la Seine (1re ch.).

Présidence de M. Hua.

Mme la princesse de Bauffremont contre M. le prince de Bauffremont. — Demande en séparation de corps.

Le Tribunal, vidant son délibéré, a rendu le jugement suivant :
. . . .

« Mais, attendu que si, en écartant de l'enquête les faits non prouvés, l'articulation des faits honteux et déshonorants, imputés au prince apparaît comme imprudente et téméraire, l'ensemble des témoignages retenus comme établis fournit néanmoins à sa charge la preuve d'habitudes de libertinage et d'inconduite attestées par des faits répétés, incompatibles avec la dignité du mariage, inexcusable en toute situation et d'un caractère d'autant plus blessant et injurieux que le rang des époux est plus élevé ;

« Par ces motifs,

« Déclare la princesse de Bauffremont séparée de corps d'avec son mari, fait défense à celui-ci de la troubler au domicile qu'elle adoptera ;

« Attendu que la séparation de corps entraîne la séparation de biens, la déclare également séparée de biens ;

« Sur la garde des enfants :

« Attendu que la séparation est prononcée à la requête de la princesse de Bauffremont, lui confie la garde et la direction exclusive des deux enfants nées du mariage ;
. . . .

« Condamne le prince de Bauffremont aux dépens. »

II. Acte de naturalisation.

Das unterzeichnete Herzogliche Ministerium bescheinigt hierdurch, dass Frau Marie Henriette Valentine de Riquet, Gräfin von *Caraman-Chimay*, geschiedene Fürstin von Bauffremont, aus Menars,	« Le ministre ducal, soussigné, certifie par le présent que : « Mme Marie‑Henriette‑Valentine de Riquet, comtesse de Caraman-Chimay, princesse séparée de Bauffremont, de Ménars,

auf ihr Ansuchen und behufs ihrer Niederlassung in Altenburg die Sachsen-Altenburgische Staatsangehörigkeit erworben hat.

Diese Naturalisations-Urkunde begründet jedoch nur für die darin ausdrücklich genannte Person, mit dem Zeitpunkte der Aushändigung alle Rechte und Pflichten eines Sachsen-Altenburgischen Staatsangehörigen.

Altenburg, den 3. Mai 1875.

Herzoglich Sächsisches Ministerium. Abtheilung des Innern.
(L. S.) In Vertretung Loman.
M. R. I. J. IV. No. 106. April 1875.

Dass vorstehende Abschrift mit dem mir vorgelegten Originale wörtlich übereinstimmt, wird hiermit attestirt.
Berlin, den 5 Februar 1876.
(L. S.) Carl Friedrich Drews, Justizrath, Notar im Bezirk des Königl. Kammergerichts.

« Sur sa demande et pour son établissement à Altenbourg,

« A requis la nationalité de l'Etat de Saxe-Altenbourg.

« Cet acte de naturalisation fonde tous les droits et devoirs d'un membre de l'Etat de Saxe-Altenbourg, à partir du moment de sa délivrance, mais seulement pour la personne qui y est expressément nommée.

« Altenbourg, le 3 mai 1875. »

Ministère du duché de Saxe, section de l'Intérieur.
(L. S.) Par intérim, Loman.
M. R. I. J. IV. No. 106. Avril 1875.

L'écrit ci-dessus est l'exacte copie de l'original qui m'a été représenté, ainsi que je l'atteste.
(L. S.) Carl-Friedrich Drews, Conseiller de justice, notaire de la chambre de justice royale.

III. Acte de mariage.

Berlin, am vier und zwanzigsten October tausend acht hundert siebenzig und fünf Vormittags neun ein viertel Uhr.

Vor dem unterzeichneten Standesbeamten erschienen heute als Verlobte :

1. Seine Durchlaucht der Fürst *Georg Bibesco*, der Person nach durch den persönlich bekannten Königlichen Justizrath Rechtsanwalt und Notar Carl Friedrich Drews anerkannt, griechisch-katholischer Religion, ein und vierzig Jahre alt, geboren zu Bukarest (Walachei), wohnhaft zu Paris, Boulevard de Latour-Maubourg Nr. 22, Sohn Seiner Durchlaucht des zu Paris verstorbenen Fürsten Georg Demetrius Bibesco, früher regierenden Fürsten der Walachei, und der Fürstin Zoë Brancovano, dessen Gemahlin, wohnhaft zu Bukarest;

« Berlin, le 24 octobre 1875, à 9 heures 1/4 du matin.

« Devant l'officier de l'état civil, soussigné, sont aujourd'hui comparus, comme futurs époux :

« Son Altesse le prince Georges Bibesco, dont l'identité est certifiée par M. Charles-Frédéric Dreus, conseiller royal de justice, avocat, avoué et notaire, connu personnellement, de religion grecque catholique, âgé de 41 ans, né à Bucharest (Valachie), demeurant à Paris, boulevard de Latour-Maubourg, n° 22, fils de Son Altesse le prince Georges-Démétrius Bibesco, ancien prince régnant de Valachie, décédé à Paris, et de la princesse Zoé Brancovano, son épouse, demeurant à Bucharest;

2. die Frau Marie Henriette Valentine *de Riquet*, Gräfin *de Caraman-Chimay*, separirte Fürstin de Bauffremont, der Person nach in gleicher Weise wie der Herr Verlobte anerkannt, römisch katholischer Religion, sechs und dreissig Jahre alt, geboren zu Schloss Menars, Departement Loir und Cher, Frankreich, wohnhaft zu Altenburg und zu Berlin, Potsdamer-Platz, Nr. 1, Tochter Seiner Durchlaucht des Herrn Joseph de Riquet, Fürsten de Caraman-Chimay, vormals Gesandter und bevollmächtigter Minister Seiner Majestät des Königs der Belgier, auf Schloss Chimay, Provinz Hennegau (Belgien) und der auf Schloss Menars verstorbenen Dame Louise Marie Françoise Josephine de Pellapra seiner Gemahlin ;

sowie als Zeugen :

3. Seine Durchlaucht der Fürst Gregor Brancovano, der Person nach in gleicher Weise wie die Verlobten anerkannt, sieben und vierzig Jahre alt, wohnhaft zu Paris, Boulevard de Latour-Maubourg, Nr. 22 ;

4. Der Königliche Generalmajor zur Disposition Friedrich Carl von Wedell der Person nach in gleicher Weise wie der Zeuge zu Nr. 3 anerkannt, ein und sechzig Jahre alt, wohnhaft zu Dresden, Schillerstrasse, Nr. 18.

Die Verlobten erklärten vor dem Standesbeamten und in Gegenwart der Zeugen persönlich ihren Willen, die Ehe mit einander eingehen zu wollen.

Vorgelesen, genehmigt und unterschrieben

gez. Marie Henriette Valentine de Riquet, Comtesse de Caraman-Chimay.

gez. Fürst George Bibesco.

gez. Fürst Gregor de Brancovano.

gez. Friedrich Carl von Wedell.

gez. Carl Friedrich Drews.

Der Standesbeamte

gez. v. Erichsen.

Dass vorstehender Auszug mit dem Haupt-Heiraths-Register des Königlich Preussischen Standesamtes Berlin

« Et Mme Marie-Henriette-Valentine de Riquet, comtesse de Caraman-Chimay, princesse séparée de Bauffremont, dont l'identité est certifiée de la même manière que celle du futur époux, de religion catholique romaine, âgée de 36 ans, née au château de Ménars, département du Loir-et-Cher, France, domiciliée à Altenburg, et à Berlin, Potsdamer Platz, n° 1, fille de Son Altesse M. Joseph de Riquet, prince de Caraman-Chimay, précédemment envoyé et ministre plénipotentiaire du roi des Belges, au château de Chimay, province de Hainaut (Belgique), et de dame Louise-Marie-Françoise Joséphine de Pellapra, son épouse, décédée au château de Ménars ;

« Et comme témoins :

« Son Altesse le prince Grégoire Brancovano, reconnu, quant à son identité, de même que les futurs époux, âgé de 47 ans, demeurant à Paris, boulevard de Latour-Maubourg, n° 22 ;

« Le général-major en disponibilité Frédéric von Wedel, l'identité de la personne duquel est reconnue de la même manière que celle du précédent témoin, âgé de 61 ans, demeurant à Dresde, Schillerstrasse, 18.

« Les futurs époux ont personnellement déclaré, en présence des témoins et devant l'officier de l'état civil, leur volonté de contracter mariage l'un avec l'autre.

« Lu approuvé et signé, » etc.

Marie-Henriette-Valentine de Riquet, comtesse de Caraman-Chimay.

Prince Georges Bibesco.

Prince Grégoire de Brancovano.

Frédéric-Charles de Wedell.

Charles-Frédéric Drews.

L'officier de l'état civil,

Signé : de Erichsen.

L'extrait ci-dessus est certifié conforme au principal registre des mariages de l'état civil de Berlin, 3e district.

Nr. III, Kreis gleichlautend ist, wird hiermit bestätigt.

    Berlin, am 24 October 1875.
        Der Standesbeamte
(L. S.)   gez. v. Erichsen.

Vorstehende Unterschrift des Standesbeamten 3. Bezirks hierselbst, Herrn v. Erichsen, wird hierdurch beglaubigt.

    Berlin, den 30. October 1875.
    Magistrat hiesiger Königl. Haupt- und Residenzstadt.
    (L. S.)   gez. Hoben.

    Berlin, ce 24 octobre 1875.
        L'officier de l'état civil,
        Signé : de Erichsen.

Certifié véritable la signature de M. de Erichsen, officier de l'état civil du 3ᵉ district de cette ville.

    Berlin, le 30 octobre 1875.

Le magistrat de cette ville, capitale et résidence royale.

        Signé : Hoben.

IV.

Jugement du tribunal civil de la Seine du 10 mars 1876.

Tribunal civil de la Seine (1ʳᵉ ch.)

Présidence de M. Aubépin.

Audiences des 25 février, 3 et 10 mars.

Demande en nullité de mariage et d'acte de naturalisation : M. le prince de Bauffremont contre Mᵐᵉ la princesse Bauffremont. (Voir la *Gazette des Tribunaux* des 26 février et 4 mars.)

Le Tribunal, vidant son délibéré, a rendu aujourd'hui le jugement suivant :

« Le Tribunal,

« Sur la compétence :

« Attendu que la demande du prince de Bauffremont a pour objet de faire déclarer nuls le mariage que la princesse de Bauffremont a contracté avec le prince Georges Bibesco devant l'officier de l'état civil de Berlin, à la date du 24 octobre 1875, ensemble l'acte de naturalisation du 3 mai précédent, qui lui a conféré la nationalité de l'état de Saxe-Altenbourg ;

« Qu'à l'appui de cette demande, le prince de Bauffremont soutient que la défenderesse, bien que séparée de corps, n'a pu, sans l'autorisation maritale, abdiquer valablement la nationalité française qu'elle tenait de son mariage, et que dès lors l'union contractée par elle le 24 octobre 1875 l'a été au mépris de l'article 147 du Code civil, qui interdit de convoler à de deuxièmes noces tant que les premières subsistent ;

« Attendu que, pour statuer sur l'action ainsi introduite, le Tribunal n'a pas à décider que les actes dont la nullité est poursuivie demeureront valables ou seront désormais sans effet dans l'étendue des territoires qui échapperaient à la souveraineté française, qu'il n'a même pas à examiner quelle peut être leur valeur intrinsèque au regard de la loi étrangère, sous l'empire de laquelle ils sont intervenus ;

« Qu'il a seulement à rechercher et qu'il lui appartient de dire si les actes dont s'agit ont été ou non accomplis en violation de la loi française et pour faire échec à des droits qu'elle protége, et s'ils doivent ou non produire effet là où cette loi conserve toute sa puissance et s'impose au respect de tous ;

« Au fond :

« Attendu que, pendant le mariage, la femme n'a pas capacité pour consentir, sans l'autorisation de son mari, des actes qui seraient de nature à engager son patrimoine ;

« Qu'à plus forte raison elle ne saurait, sans cette autorisation, modifier son être civil ou sa nationalité ;

« Que, sous ce dernier rapport, sa condition est fixée par la loi elle-même qui, dans le cas où elle est étrangère avant le mariage, lui attribue de plein droit la qualité de Française ;

« Que la loi, en déterminant aussi bien qu'en la soumettant au pouvoir marital pour les actes de la vie civile, a eu principalement en vue de maintenir l'autorité du mari, chef de la famille en même temps que de l'association conjugale ;

« Que dès lors la nécessité de l'autorisation maritale procède du mariage et qu'elle s'impose à la femme tant que le mariage n'est pas dissous ;

« Attendu que la séparation de corps et de biens a pour effet de relâcher le lien conjugal sans le rompre ; que, maintenant le mariage, elle maintient le principe de l'autorité maritale, et qu'elle ne relève la femme de son incapacité que dans la mesure étroite que la loi détermine ;

« Qu'en ce qui concerne plus spécialement les obligations personnelles que le mariage lui impose, la femme demeure astreinte au devoir de fidélité dans les mêmes conditions et sous les mêmes sanctions ;

« Que si, le devoir de cohabitation ayant cessé, elle peut se choisir elle-même un domicile séparé, elle ne saurait exercer ce droit que tout autant qu'il ne porterait aucune atteinte à sa nationalité ;

« Que spécialement elle ne pourrait faire un établissement en pays étranger sans esprit de retour en dehors de l'autorisation maritale, et répudier ainsi la qualité de Française, suivant l'article 17 du Code civil ;

« Attendu que de ce qui précède il résulte que la princesse de Bauffremont n'a pu valablement acquérir, à défaut de l'autorisation de son mari, la nationalité de l'État de Saxe-Altenbourg, et qu'elle était encore Française lors de son mariage, contracté par elle le 24 octobre 1875 ;

« Attendu que, sous un autre rapport, la défenderesse a sollicité et obtenu cette nationalité, non pas pour exercer les droits et accomplir les devoirs qui en découlaient, en établissant son domicile dans l'État de Saxe-Altenbourg, mais dans le seul but d'échapper aux prohibitions de la loi française, en contractant un second mariage, et d'aliéner sa nouvelle condition aussitôt qu'elle serait acquise ;

« Que l'acquisition d'une qualité qui tient à l'état des personnes, conséquemment à l'ordre public, lorsqu'elle a lieu dans ces conditions, ne saurait, même avec l'autorisation maritale, constituer l'exercice légitime d'une faculté conférée par la loi ; qu'elle n'en serait que l'abus, et qu'à ce titre, elle ne pourrait faire obstacle à l'action en nullité que l'article 184 du Code civil ouvre contre le deuxième mariage, qui en aurait été la suite ;

« Qu'il appartiendrait toujours à la justice de réprimer des entreprises également contraires aux bonnes mœurs et à la loi ;

« Par ces motifs,

« Se déclare compétent, et statuant au fond,

« Déclare nuls et de nul effet le mariage contracté par la princesse de Bauffremont devant l'officier de l'état civil de Berlin, le 24 octobre 1875, ensemble l'acte de naturalisation du 3 mai précédent, qui lui confère la nationalité de l'État de Saxe-Altembourg ;

« Fait défense à la princesse de Bauffremont de se qualifier à l'avenir de princesse de Bibesco ;

« Donne acte au prince de Bauffremont de ses réserves aux fins de poursuites criminelles et correctionnelles, à raison des actes dont la nullité est prononcée ;

« Et condamne la princesse de Bauffremont en tous les dépens. »

Corbeil. Typ. et stér. de Crété fils.

CORBEIL. — TYP. ET STÉR. DE CRÉTÉ FILS.